JN439352

오르간

국립중앙도서관 출판예정도서목록(CIP)

오르간 : 이상규 시집 / 지은이: 이상규. -- 대전 : 지혜, 2
017
p. ; cm. -- (지혜사랑 포켓북 ; 002)

ISBN 979-11-5728-254-8 02810 : ₩9000

한국 현대시[韓國現代詩]

811.7-KDC6
895.715-DDC23 CIP2017026685

지혜사랑 포켓북 002

오르간

이상규

지혜

시인의 말

이덕무가 말한 영처嬰處의 눈으로, 입으로, 귀로 문학을 생산하고 감상하기를 원한다. 존재로 향하는 유일한 통로인 언어와 문자, 기호와 그림, 그리고 소리들. 내 몸은 그것들을 담고 있는 소리통이며, 눈물이다. 네 발로 기어 다니는 어린 아이의 언어처럼, 언제 진실한 몸의 언어로 시를 쓸 수 있을까?

2017년 7월

이상규

차례

2부

3부

4부

1부

도시 사람

텅 빈 하늘엔 퍼덕이는 닭
흙먼지 가득한 시골, 내려앉은 사립문
유유히 맴도는 솔개의 반짝이는 눈
누가 한 짐 나무를 지고 산등성이를 내려오는가
누가 숯처럼 까만 냄비를 아궁이에서 꺼내는가
여기 등 굽은 하늘에는 아무도 다니지 않는다
외길 가는 할머니 굽은 등처럼 휜
사립문 삐걱거리는 소리만 들릴 뿐
산 꿩의 비명소리만 들릴 뿐

키다리 아저씨

— 도광의 시인에게

말해주세요
흔들리는 이 세상
식은 땀 손등으로 태양 별
훔치며 걷는 당신
경산 와촌 갑골길
새로 난 신작로 벗어나
어디로 그렇게
재빠르게 가시는지
당신은 웃고
시를 쓰고
경청하고
마시고
끄덕이고
잔을 비우고
몽상하는 여자처럼
외로워 보이고

말해주세요

당신이 키가 큰 이유를

당신이 마실 때

술에서

풀벌레 소리가 나는 이유를

당신이 웃을 때

트램플린 위에서 뛰노는

아이들 소리가

나는 이유를

춥다

고창 읍성
낯선 하늘 아래
상심한 나뭇잎
나뭇잎 사이로
흩어지는 그림자
나뭇잎과 그림자 사이
참 춥다
고창 읍성
저녁 연기 흐르는 쪽으로
짓눌린 돌들
날아오르는 돌담길
흩어지는 그림자
돌담과 연기 사이
참 춥다

오르간

오르간 건반
귀퉁이 조각은 떨어져 나가고
금이 간 틈새
검은 핏줄 엉겨 있다
건반을 누르면
가슴에 차 있던 바다가
튀어나온다
뉘엿뉘엿 지는 태양
실금 가닥 난
오르간 건반 위로
철없는 아이는 올라가
발에 붙은 그림자를 떼어 내려고
건반을 밟아댄다
아이가 노인이 된다
짐승이 노래한다
발은 뜨겁다

늙음

차츰 줄어듭니다
차츰 가벼워집니다
체중도 식사량도
찾는 이도 찾을 이도
착신 우편물도
초대장도
희망의 선물도
차츰 줄어듭니다
차츰 늘어납니다
차츰 무거워집니다
눈물도 서글픔도
어두움도
지난날 영상도
미안함도
시간도
차츰 늘어납니다

손녀, 윤

어린이 날
그 하루 전 날 못 온다네
윤이가 못 온다고 그러자
사놓은 색동옷은
누렇게 변하고
벽시계는 더 이상 가지 않고
잡아놓은 고추잠자리는
더 이상
움직이지 않는다
졸다가 깬 강아지 베리는
내 눈치를 보고
아내는 집을 나가고
윤이는
나의 모든 것을 빼앗아가는
크로노스

안개

새벽안개는 서둘러 달려간다
버드나무가 노래하는 곳으로 달려간다
안개 속에서 풀잎과 이슬과 아침은 소멸하고
살갗처럼 부드러운 속삭임에 휩싸인 채
버드나무의 노래를 머금고
강가에서 침묵하며 지친 듯 잠든다

장맛비

바람에 쓸리며
나뭇잎 적시는 장맛비
어김없이 찾아든다
잘 익은 앵두빛 붉은 빗방울로
잎새 젖은 녹색 빗방울로
하얀 밤꽃 냄새
흥건히 밴
흰색 빗방울 모여
강줄기 가득
들판으로 흙탕물로 달려온다
6월 중순 장마는
열기를 토해낸 태양이 보내온
전령
추럭추럭
쉼이 없이 내린다
빗길 사이 형형색색

빗방울 열매를 매단
나뭇잎이 더욱
수런거린다

가을 사랑

저 들녘의 쓸쓸하고 외로운 몸짓
자글거리며 쏟아져 내리는
태양의 빛살같이
달콤하게 단내음의 조림
붉게 익어가는 사과
너른 들판을 쏜살처럼 달려오는
저 온순한
가을의 그리운 태양의 몸짓
방금 헤어진 여인보다 더 아름답게
달려와 스쳐지나가는
가을바람

정완영

— 정완영 시인을 보내며

왜 어둠이 어제보다 더 깊어졌을까
불어오는 바람소리가 더 무거워졌을까
젖어오는 밤이슬이
외로움을 더욱 무겁게 매달기 때문일까
푸른 동천冬天 물들지 않은 낙엽 타고
푸른산 뻐꾸기*
천둥 벼락 장대비 헤치고
길 떠난 탓일까?

* 푸른산 뻐꾸기 : 정완영의 시 「감꽃에서」에서 따옴.

그리움

그리움 때문에
밤 새워 울던 뻐꾸기가
울음 멈춘 봄날
그 봄날은 유난히 길었다

뻐꾸기 소리 그
빈자리엔
덜거덕거리는
도시락 소리로 가득 찼다

뻐꾸기 울던 자리엔
적막한 보리밭과
깜부기 같이 타 들어가는
희망만 남았다

유죄

어둠 잦아드니
내 머리에 든 배움도
익숙해진 몸놀림도
날래진 입놀림도
검은 그림자가 된다
담벼락에 이리저리
구겨진다

무용한 문법을
길을 잃었던 문법을
왜 배웠을까
꽤 긴 시간
헛것처럼 헛것과 어울려 온
나의 세월 앞에
또 하나의
문법책이

영사詠史

내가 살아온 이 땅
역사의 뒷편에
아무런 까닭 모른 채
죽은 이들

초생에는 초승달 넋으로
보름에는 보름달 정령으로
보리밭 사이로
서걱서걱 밀려오고

햇살의 열기가 늦추어진
가을엔
가을비 몰고 달려오고

한 겨울이면
시린 찬 바람 소리로
달려오는

땅거미

해 저물 무렵 산속에 깃들어 있던
혼령들이 천천히 산등성이를 일으켜
실루엣처럼 어리는 하늘
빛의 어깨를 건너
어둠으로 기울어진
별빛 쏟아지는
땅으로 몰려온다

한낮 느티나무에 숨어 있다가
이 끝없는 어둠을 일으켜 세우는
서낭당 돌무더기
그 옆으로 괭이와
삽을 어깨에 메고 가는
농부들, 아버지
묘지를 파헤친다

전설

골 깊이 불어오는 마을 뒤 솔밭 바람소리. 어둑하게 밀려든 잠에 빨려 들어가는 마을, 아직 삼경에 못 미쳤으나 점점 더 높이 달아나는 산마루에 걸려 있는 밤 구름. 쨍그렁 울리는 달빛 사이로 소달구지가 내어놓은 고샅길로 몰려드는 바람소리. 휘날리는 붉은 나이론 치맛자락, 점점 깊어가는 시골 겨울밤, 화롯불에 발갛게 익어가는 불빛, 시무룩하게 말없이 곁자리를 지키던 영아, 무당이 되어 마을을 떠났다. 온 산천의 나무가 소리를 그려내면 강 건너 외딴집 창문에 흘러서 날아오는 호롱불빛. 봄기운을 주체하지 못해 밤새워 뒤척이다가 어느 날 대처로 길 떠난 영아는 다시이 마을로 돌아오지 않았다. 그해부터 바람이 멈춘 겨울 초입, 마을 청년들이 하나씩 둘씩 죽어나갔다. 이제 슈퍼마켓이 들어서고 도로 포장이 된 마을, 겨울 사과 숭태기*도 남기지 않고 바숴먹던 화롯불에 붉게 익은 터실터실한 입술은 사라지고 철없는 아이돌 그

룹의 에로틱한 춤사위, 이야기 같지 않는 텔레비전 뉴스가 들리고 몹시 추운 겨울바람이 불고 있다. 이번 겨울만 해도 이 마을 뒤 솔밭 바람 소리가 있었다. 그리고 많은 청년들이…

* 숭태기 : 사과의 속 씨방이 있는 부분, 경북 안동 방언.

초여름

바람 마디에
네 모습이 그리운 갈대처럼
묻어 흔들리고
스쳐가는 햇살 날개에
황금빛 추억 어린 색깔이
칼처럼
새겨져 있고
들풀 향기는
짙은 크레용 향기로
도화지 깊숙히
배여 있다

산보

하늘에서 내려오는 것은 빗물이 아니다
라일락 향기가 하늘 틈새로 내려오고
금잔화를 머리에 꽂은 아이들이
외로운 땅위에 선율처럼 내린다
낯선 하늘 아래
풍경을 만드는 기억의 하강
경계의 풍경
너는 꿈을 꾸고 있다
누이는 갈색머리를 빗고
너는 멀리 있는 친구에게 편지를 쓰고
그 위에 너의 이름을 적는다

태화강

내 첫아이가 자라났던 울산
태화강가 서걱거리는 대나무 숲
아직도 멈추지 않은
푸른 물빛 바람

쉬지 않고 노래하는
구름 흩날리며
반짝이며 몸을 트는 대나무 잎새

떼 지은 철새들
어둠 내리듯 하늘 뒤덮고

열려 있는 귀
열려 있는 눈
점점 자라던 내 아이처럼

>

세월 지난 태화강변
숲에서 들려오는
그리운 추억

한 발을 들고 무심히
푸른 강물을 응시하는
해오라기 한 마리

그 고요함 속
세상의 끄나풀이
또 이어져 가고 있다

2부

이별

그대는 이미 바람을 이고
저 은둔의 밤으로 걸어갔다
몹쓸 별들은 서러워
머릴 풀고 뿔뿔이 헤어졌고
빈 들판 홀로 몰려다니는
참으로 긴 어둠

울다가 지쳐버린 밤 짐승
갓지어낸 제삿밥을
행여 제삿밥 내음 맡고
살아서 바람을 이고 떠난 어둠
서럽도록 우는 바람 사이를
서성거리고 있다

죽음이라는 이별은
머릴 풀고 달려오는 바람일 뿐

일찍 잠에서 깨 고개 숙인
백목련의 수려한 목덜미를 건드리고
한쪽 손에는
망자의 지팡이를 들고 서 있다

지진

가끔 이 땅덩어리도
숨을 쉬어야겠지
고도 경주 불국사가
지축과 함께 흔들리고

반월성 숲속 하늘도
청운교도 다람쥐도
페가수스좌도
흔들림보다 앞서는 두려움도

역사의 능선에서 지친
사람들도
조각난 마음처럼
흔들린다

대웅전의 부처님도

그 짧은 순간

안드로메다 성좌 바라보시며

잠시 숨을 끊고 있다.

팽목항에서

— 세월호를 생각하며

색색 여러 켜로, 거꾸로 일어서려는 파도는 여전히 거칠다. 거친 파도에 흩어진 개나리꽃, 둥둥 물위로 떠오른다. 푸르게 멍든 잎과 유난히 희게 보이는 푸르던 가지가 파도의 치마 자락에 연이어 휩싸인다. 생각의 주름을 지우려 해도 기억과 상상을 매몰차게 다시 일으키는 팽목항 바다는 끊임없이 일어섰다 앉았다가 또 다시 일어서기를 반복한다. 넓디넓은 바다에 노랑나비들이 바람을 일으킨다. 찬바람이 몹시 불어온다. 나는 바늘 침상 위에 눕는다.

내 몸의 언어는 눈물이다

붉은 벽돌 고요한 성당
창문에 내려앉은 낙엽무늬
넓게 펼쳐진 마당
성모당
굵은 모래밭
모래알 살랑살랑 흔들며 울려오는
감미로운 성가대 노래
발을 옮기지 못하는
성모는 운다

성모당 모서리 돌아서는
신부님의 검은 옷자락이
몽롱한 가을 하늘을 뒤덮는다
옆으로 기울어졌던
전신주가
점점 멀어져 간다

그날 안토니우스라는
세례명을 받았다
내 몸의 언어는
눈물이다

항해

고무줄놀이를 하며
찬 공기를 훑고 날아가는
겨울 새떼들
군무를 멈춘
저녁 어둠 지워지기 전
바삐 서쪽 하늘로
바람을 돌려 세운다

황홀한 황혼녘 같은
내 어린 시절의 부서진 꿈을
V자로 일으켜
들판을 향해하고 있다
그해 겨울의 시는
아직 그 넓은 들판에
그대로 서 있다

하늘 풍경

허무한 낙엽부스러기만
남아 뒹구는
하늘이 유난히 높은 고향
빈 낮달 남겨 둔
갈나무 가지에 걸려 있다
세월 지나도
낯설지 않는 것은
하늘이
유난히 먼
고향이기 때문이다

별빛

불빛은 지워지지 않는다
꺼지지 않고
소멸되듯 눈빛 속에서
되살아나 유전된다
나의 눈에서
그대의 눈으로
이송되는 횃불처럼
세월을 이어가는
징검다리
그대 눈동자 속에서
붉게 타오르고 있다

말의 죽음

전달되지 못한 죽은 말들
그 서러움이 얼마나 어두운지
아무런 자취도 없는
말
아침 서릿발
흰 옷자락 붙들고
산을 일으킨다
흔적 없는
바람 몰아온다

먼 길 가야 하는
사람들의 죽은 말
오한에 찬 냉기가
사물들을 일으킨다

일몰

붉은 색과 회색
몸 쉬는 일몰시간
황금의 시간은 가 버리고
어둠에 순식간 지워 지는
붉은 색과 회색
그 짧은 생명

소년의 노랫소리 그치고
일몰의 붉은색 회색
너의 숨결, 너의 속삭임
또한 가버리고

우레 소리

출렁이는 세상의 가파른
벼랑에 몸 기댄
한국사를 수식하는
한국어
그 허망하고 슬픈
이천여 년의 무게
옛사람들이 얽혀
하늘에서 굴러내리는
우렛소리에 섞여있는
가쁜 숨결이 들려온다
바람결이
벼랑에 주름처럼 새겨진
내 가족사와 흡사한
고난의 한국사

소년 시대

그대 내가 안 이후
내겐 슬퍼하는 날이
기쁜 날보다
더 많고 길었다
그렇게도 긴 끝이 없는 강이
있는 줄 나는 몰랐다
내 무릎을 적시며 차오르던
푸른 물빛
혼령의 소리
그곳에서 멱을 감았던
영명한 세월
어찌 긴 강물 끝없이 흐를까

대설주의보

큰 눈이 오는 줄 몰랐던 시절
그토록 바쁘고 중요한 약속
그 끈을 너무나 편안하게
내려놓는
눈이 오는 날
모두가 허락하고 용서하는
긴장이 허물어지는
하늘보다 더 높은 곳에서
흰 눈이 내린다
흰 소리가 몰려 든다
대설주의보가 발령되는
저녁뉴스
세상이 눈과 함께
땅으로 달려오다가 가슴으로
되돌아 온다
평온한 큰 눈이 내린다

조용한 소리가 몰려온다

너와 나의

소유의 경계가 허물어지는

사물

즉물주의와 나열
흩어놓은 사물 사이
충돌하는 비명
낱말의 두통
부드러운 전율
시각의 이동
늙은이의 반 문명

유령선

우리는 상당히 오랜 시간동안 유령선에 갇혀
숨을 죽이며 살고 있다
먼 바다는 잠잠한데
이 유령선이 헤쳐나가야 할
가까운 바닷길은 엄청 흉흉하다

이야기의 나라

한국 사람은 호메로스의 시대에 살고 있다
입을 모아 세상의 일들을
이야기로 만들어 내는 일
묵직한 황금보다
빈약한 경작지보다
더 소중하게 가슴에 안고 산다
행복을 만나러 이야기를 꾸미고
복을 나누기 위해 이야기를 전파하는
신화의 나라
동화의 나라

광기의 한국현대사

거짓과 다투는
곧은 언어의 끝은
마디마디 부러지고
싹이 돋지 못할 절망만이
물방울처럼 송골송골 매달린다
우수처럼 번져가는
거짓과 위선이 수군거리며 몰려다니는
암울하고 허기진 거리를
야수가 된 권력의 시녀들
그들이 거느리는 집단 광란이
휘젓고 거니는
이 위선의 공포
권력과 분리할 수 없는 지옥이
붉은 깃발처럼 펴들거리고
나부끼는
거짓 가득한 패거리들의
저 어둠에 찬 눈빛과 표정들

3부

가난이다

자가용을 타고
번화한 백화점을
아이들과 손을 잡고
외식을 할 때도
하늘과 땅 사이에서
가난을 먹는다

나는 달의 침상 아래 잠들고
닭 울음소리에 깨고
백화점 부스 사이를
갈참나무 사이에 난 길처럼 다닌다
어두운 시냇가에서
풀을 뜯는 가난이다

눈빛의 축제

겨울 솔밭 사이
달려 나가는
귀밝이
제전
죽음보다 더 깊은
고요
햇볕보다 더 밝은
침묵
물방울보다 더 깨끗한
순수
바람소리보다 더 조용한
정적
가물거리는
촛불
마음에 빛을 밝혀주는
고요

별

영글지 못한 언어로 묶인
추상
공연장 앞에 버린
팜플렛
미풍의 바람에 떠도는
그림자
단 한 번도 열어본 적 없는
서랍
한 번도 달려보지 않은
사막
고독한 낱말로 엮은
편지

티끌

시간이 바람에 흩어지고
거주지도 바람에 날려
까마득히 어둠에 지워진
티끌의 눈물
지워지지 않는 기억이 가물거리고
추억마저 바람에 흔들리는
거미줄에 걸린 나비 아래
팔락거리며
저녁 어둠을 적시는 흐르는 강물
풀섶 별빛 같은
뱀의 눈알

촛불시위

자유가 갈 곳이 없어
길거리로 쏟아져 나와
머리채 흔들고
치맛자락 걷어 올린
밤하늘의 반딧불이

노란 개나리꽃 꺾어들고
신 내린 사시나무 떨 듯
고통스런 질규로 돌리는
정월 대보름
쥐불놀이

모딜리아니

유난히 목이 긴
여인
한 곳만 바라보다
기울어진
구도
축 늘어진
니트
창 사이로 스며드는
빛
채 그리지 않는
눈
빛으로 구도화된
사실
세월에 따라
바뀌는
聖書

유년

찐 우유는 돌덩이
토끼 앞니로 사각사각
사카린 넣은
밀빵, 보리쌀 볶은 먹이
유행은 입맛으로부터
나왔다
헬로우 찡껌
종이배 모자를 쓴
양키를 만나면 외쳐댄
질겅거리는 민트 껌
보건시간에
속옷 벗어 바위치기 하면
별처럼 터져나오는
내 핏빛
먼지 흩어진
시간

찐 우유

돌덩이

바다가 세로로 누워있다

— 인양된 세월호를 보며

저 멀리 불빛 아래
인양 바리선 위에 바다가
세로로 누워있다
아픔들이 삭아 녹슬고
온몸은 벗겨져
암울한 침묵으로
살아있던 사람들의 파편이
세로로
걸어 나온다
바지선 위 전등불이
가는 빗줄기처럼
밀어닥치는 바다
깜박깜박
보이지 않는,
피부에 스며드는
비명소리

갈매기도 날지 않는
바다가
세로로 누워있다

산책

어둠 속
가로등 불빛 하나
유령 같은 그림자를 드리운
그 밑을 걷는다
새파란 잔디가
폭신하다
하늘에는 푸른 시간을
어둠으로 드리우고 있다
지나간 시간을 본다
개울이 강을 이룬
나무 아래
잔디 위
새 한 마리 울지 않는
어두운 시간을
건너고 있다

하노이

— 베트남 전쟁기념관에서

부서진 질서의 들녘
뜨거운 태양에
말라가는
겨우 남아 있는
척추 뼈에 연결된 머리통과
벌어진 두 다리
그 사이

푸른 새가 절망을 물고
총알같이 날아가
하늘 높이 떠 있는 새와
만나다

벽에서
걸어 나오는 미군 병사의
총대에

겹쳐진 베트남 어린 병사의 시체
전쟁 사진에서
풍겨 나오는 부패한 신음,
가혹한 힘의 질서

해안선

이 세상
모든 사물이 거주하는
바닷가 집은
말로 지어져 있다
바다는 이미 사물이 아닌
말일 뿐
존재를 드러내는
푸른 말로 출렁이고 있다

바다와 집
사물이 아닌 시일뿐
그 가역적인 관계는
유혹의 언어일 뿐
일몰의 시간, 꼬리치며 노래하는
붉게 저무는 해안선

김춘수

하늘에서 보내준
탐미주의자
이름 모를 도공이 빚은
달 항아리
죽은 이를 살린
오르페우스

나뭇가지에
바람을 놓아주고
빛의 음영에 따라
세월의 건너편
그리움으로 존재의 집*을 지은
언어의 마술사

꽃망울 터지는 봄날
달 항아리로 날아든 새 한 마리

가느다란 발가락이

가늘게 떨린다

가버린 세월을 직조한

무의미의 시인**

* 하이데거의 말.
** 김춘수의 시론.

수양버드나무

들판에 나선 나무들
머리카락 풀어헤친
자유의 방임
허리띠 펄럭이며
하늘로 날아올랐다
땅 바닥에 내려앉으며
몸 굴리는
바람의 유혹
외로울 여가 없이
겹겹이 포개어져
온몸을 감싸안은
여인의 부활

기다림

찾아오는 어두움
장터에서 불어오는
잔잔한 봄바람에선
젖냄새가 난다

기다리는 엄마는 오지 않고

먼저 달려오는
어둠 섞인 봄바람의
향기 섞인 젖가슴 안고
나는 잠이 든다

먼저 오는 황혼녘
어둠 섞인 봄바람의
향기 섞인 젖가슴 안고
나는 잠이 든다

봄기운

해가 길어진 만큼
늘어진 봄날
다가선 봄 햇살
아직 하늘 찬바람
새들이 일으켜 놓은
바람결에
눈 떠는 꽃잎
몸을 비틀치는 연록 잎새
새가 비켜 날아 오른다

풍경

허무한 낙엽부스러기만
남아 뒹구는
하늘이 유난히 먼 고향
빈 낮달
남겨 둔 갈참나무
가지에 걸려 있다
세월 지나도
낯설지 않다는 것은
하늘이 유난히 먼
마을이었기 때문이다

불빛은 지워지지 않는다
꺼지지 않고
소멸되듯 눈빛 속에서
되살아나 유전된다
나의 눈에서

그대의 눈으로
이송되는 횃불처럼
세월을 이어가는
징검다리가
하늘에서 붉게 타오르고 있다

충돌

붉은 새와 노랑이와 잿빛이
몸 쉬는 일몰시간
붉은 핏빛이 어둠에 순식간
지워 지는 짧은 명을
다시 오리라는 기대마저
잊어버리는
빛의 충돌

그대 내가 안 이후
내겐 슬퍼하는 날이 기쁜 날보다
더 많고 길었다
그렇게도 긴 끝이 없는 강이
있는 줄 나는 몰랐다
차오르는
푸른 불빛
그곳에서 멱을 감는

영명한 세월

내가 그댈 잊은 이후

어찌 긴 강물 끝없이 흐를까

나목

들판에 나선 나무들
바람에 맡긴 머리카락 풀어 헤친
자유의 방임
허리띠 펄럭이며
하늘로 날아올랐다
땅 바닥에 내려 앉아
몸 굴리는
바람의 유혹
외로울 여가없이
겹겹이 불어오는 바람에
몸 맡겨버린 머리카락
풀어헤친
상심한 살갗이
깃털처럼 흩어지는 겨울
텅 빈 하늘 꿰고 있는
나목 사이로

영혼이 흩어졌다
내려앉는다

죽음의 교신

SNS 교신 속에 죽은 시체들이
매일 쏟아져 나왔다
아침마다 일어나 바라보는
반복되는 거울 때문에
불일치하는 과다한 교신을
그들이 조금만 일찍 살펴보았어도
언어의 개죽음이 얼마나 슬픈지
알아차렸을 것이다

죽음을 원했다는 보도는 없다
문자가 언젠가 죽는다는 사실의 보도도 없었다
죽은 언어의 나이에만 관심을 갖는다
반복되는 거울 때문에
인터넷을 열자 내 죽음의 시체들이
우르루 쏟아져 나왔다
가족이 조금만 세밀하게 살펴보았어도

>

내가 죽음을 원했다는 보도는 없다
나의 죽음이 쏟아져 나왔다
매일 차오르는 물길처럼
내가 죽는다는 사실은 아무도 알지 못했다
매일 일어나 바라보는 반복되는 거울 때문에
인터넷에서 죽음이 쏟아져 나왔다

태어난 아이의 나이에는 관심을 주지 않는다
죽은 사람의 나이에만 관심을 갖는
인터넷을 열자 나의 죽음이 쏟아져 나왔다

눈물

그대 이고 지고 가는
그토록 무거운 이승의 짐
언제 그 고난을 벗으리오
내일이면 달라질 듯
속고 또 속는
끝없는 야속함도
남김없이 아까운
눈 흘길 그 눈물
언제 다 마르리오

4부

낙하

가을바람에
허릴 뒤틀며 떨어지는
홍매화
불 붙은 산사의 뒤뜰

노란 가을 햇살에
철퍼덕 맨바닥에 떨어지는
홍시
불타오르는 마음 앞산

그 사이로 찬 강이
바람 몰아가는 소릴 지르며
건너고 있다

세상엔 떨어지지 않는 것은
아무것도 없다

강진

— 다산 초당에서

하늘 갈매기 유유히 노니는
茶山 草堂 앞마당
고난의 조선 역사의 핏줄기
그 뿌리를 땅 위로 다 드러낸
힘겨운 남도
저 바닷바람처럼
강진 갯벌로 달려가 보아라

강진 잿빛 바다
다산의 눈썹에 걸쳐있는
황토 빛 저녁노을
굵은 핏줄기처럼 드러낸
엉킨 나무뿌리
다시 깊게 묻어주게
남도 황톳빛 너른 땅

호치민 시티

허리를 감싼 살점이
다 흘러내린
생선 뼈다귀 같이
꺾어진 어린 아이 시체
오징어 눈, 검은 눈을 가진
유난히 검게 탄
아이의 시체

총검에 매달린 채
미군 병사의 웃음
사진에 걸려 있다
총소리 대신
짝짝짝
츄잉껌 씹는 소리
붉은 하이힐 소리

>

그 소리 사이로
메콩강은 더욱 붉어졌다
츄잉껌 씹는 소리에
붉은 꽃들이 흩어진다
전쟁기념관 바닥에
쏟아지는 사이렌 울음
아이의 시체

차당실

차당실 겨울 찬 밤이면
앞산 바위 섶에 귀 기울이고
쓰러진 슬픈 전설이
웅웅거리며
마을로
슬그머니 내려 온다
푸른 달밤
산이 울면 저수지도 따라
출렁이는
들녘을 지나
찢어지는 어름장 비명소리
바람도 따라 운다
들판은 온통 울음소리로
가득 부풀어 오를 때면
목숨 하나 또 하늘로 휩쓸려
가는 가련한

혼령이 나타난다고 한다

어제 소꼬개*에
폐질로 죽은 인당네 화장하던
연기가 아직
하늘로 이어져 있다

* 소꼬개 : 경북 영천 차당실 마을 고개 이름.

도리원 삼산 마을

도리원 자두나무
흰꽃
아지랑날 이우는
푸른 바람

이슬 진 연한 잎새
봄 기운에
몸 뒤트는 내음
산자락 따라
기웃거리며 내려온 산그늘
자두나무 가지에 내려앉아서
한 발자국 다가서면
한 발자국 물러서는
해그름
저녁노을 강길 되어
삼산리 뒷산에
걸려 있네

홍매화

부는 바람에 꽃잎 흩어지고
몸 꼬는 연홍 잎새
봄기운 더욱 달아오르는데
찬 산 바위 위에
시리게 푸를 하늘

아직은 차다

몸 가눌 길 모르고
절절히 토해내는 붉은
홍매화 가지에 얹힌
사월의 푸른 하늘

따스한 대지와
아직은 차디찬 하늘

>

그 사이 객혈하듯

쏟아내는 농염한

절규

바다 꽃

흔들리는 서러움으로
버텨온
푸른 바다를 딛고 서 있는
벼랑 끝
하얀 바다꽃
나비 한 마리
그 기적 같은 무명의 삶
나비가 살던
주소를 나는 모른다

가끔 밤하늘에서 떨어지는 유성을
이마에 올려놓고
이 밤에도……
사나운 비바람 돌머리로, 돌벼랑으로
들이받는 울림
끊임없이 세로로 일어서려는

저 흰 바다
더듬이를 곧추 세운
나비 한 마리
벼랑끝 뿌리 내린
눈부신 흰 바다꽃
그 눈썹이
한없이 춤을 춘다

겨울에 시달리며
이젠 남아있는 시간도
사람들이 사는
도시를 떠도는 유령같은 죽음도
숨결 멈추는
12월의 마지막 주 토요일
순례자들 발길도 끊어지고
거대한 빌딩을 이끌며

고단하게 달리는
저승의 바람도
여기서
만들 때가 있다

바다가 보이는 벼랑 끝
눈부신 흰 나비 한 마리

징기스칸

서부 몽골족 갈단칸은 청군에게 전사한 아노다리의 죽음을 애도하며 독을 마시고 알타이 산중에서 자살하였다

숲속 모든 소리를 삼키고
역사의 바람만 건네준다
마음 연 빼꾸기 울음이
우레 같은 바람 소리를 가르며
달린다

빗물로 이루어진 벽 부연벽
슬픔처럼 솟은 나무엔
설음의 목테를 두른
안개가 구름과 만난다
그 머언 죽음으로 들어가는 슬픔의 문
까마귀 한 마리
바람 따라 날아오른다

머리

생각이 증발된 텅 빈 머리
슬픔이 되고
상상이 머문 두 눈
멈춤이 되고
살대가 부러진 수레바퀴
그 위에 오른
세상
머리 풀고
신부님께 고백하는
청청한
時間

긴 노래

눈을 감은 자들
손으로 세계를 통치하는 자
샤먼
까마귀
검은 숲
하르쇼고이
영원한 하늘의
샤르 얼럭친
길게 우는 까마귀
모기떼에 쫓기는
굶주린 노란 늑대
몽골 스텝초원으로
나는 달려간다

제주 바다

먼 바다는 검은빛
가까운 쪽은 초록빛
추수가 끝나지 않은 바다는
황금빛
서쪽은 붉은빛

해가 지면
바다는 늑대처럼 울고
그 모든 빛을 잃고
검게 탄 용암 바위처럼
대지를 집어 삼킨다

일상

하늘에만 나는 새들에게
내 모든 아픔을 가져가 달라고
흰 밤을 새운 내 젊은 시절
어느 하늘가를 맴돌고 있을까?
제대로 살 속 깊이 파고드는
깊은 아픔이 가신 뒷날부터
나에게는 슬픔이 사라져 버렸고
무덤덤한 일상만
가물거리는 촛불이 되어
흰 방을 길게 끌고 있다
"제 자리에서 한 치도 날지도
못하는 나는 아직 흰 밤을
지키는 촛불"

눈 내리는 삿포로

눈은 사람 가슴을 알고
침묵과 고요함을 데리고
땅을 향해 내린다
사람들 어깨에 머리에
닿기까지 머나먼 비상을 꿈꾼다

고층 건물과 고가도로
껴안고 있는 고요의 흰 바다
무덤의 함성으로
마지막 착지점에 이르러
하늘의 흰바다를 펼치고 있다

북소리

맹그로브 나무줄기 사이
상상의 수사로 노래한다
노래에 섞인 메시지는 춤의 근원
문딩고족
졸로이프족
폴레이족
풀룹족의 언어로
호랑이를 부른다

고요한 밤 공기 사이로
들리는 노래
머나먼 볼렝게Bolenge 마을에
천사 아이가 태어났다
힘이 솟아나서 발은 하늘을 향해
용수철처럼 튀어오르는
축제의 불꽃이

눈동자 속에서 이글거린다

침묵하지 않는 북소리는
맹그로브 호랑이를 부르는
주술

2017년 2월 14일 하노이

오랜 전장의 두려움에서 벗어난
거리의 사람들
하노이 시가지 바람결엔
비릿한 흔적이 남아 있다
흩어진 거리에 쏟아져 나온
오토바이 소음
헬리콥터, 포탄, 절규, 이별

사이공 추억 속으로 함락되고
그렇게 승리로 끝난
화약 냄새와 고엽제 가루 퍼져 있는
길거리에 앉아 포 먹는
꾸냥의 붉은 입술
붉은 고추 부침을 구워내는
길바닥의 여인네

>

긴 전쟁이 물려준
두려움 대신 넘겨받은
구차한 순결
비가 멈춘 길거리에서
슬픔을 행복과 바꾸는
하노이 사람들
승리, 그 붉을 깃발은 금빛별처럼 나부낀다

밤안개

목이 잠긴
빼꾹새
울음 빈자리
맴도는
바람
이 산 저 산 넘나들다
눈감으며 토해내는
바람
툭툭 터져 오르는
송홧가루
빈 산 중에 퍼지는
고백

주술

하늘에서
이 땅으로 내려온
북두칠성 빛
그 사이로
어려움을 쉬움으로
두려움을 친근함으로
먼 곳을 가까운 곳으로
보내는

바람이 있다
천둥이 있다
번개가 있다
노래가 있다
춤이 있다
칼이 있다

>

해 뜨는 동녘에서
달 지는 서쪽 하늘까지
천둥 번개 물리치고
바람아 몰려 오너라
바람아 불어 오너라

무수한 바람, 천둥, 번개가
머무는 곳까지
시시각각 몸을 비트는
북두칠성 별빛이 있다

침묵의 아침

미세 바람에
실크 커튼이 몸을 뒤트는
점점 부풀어 오르는
침묵의 아침

쌀쌀한 아침 창턱을 짚고
외발로 서 있으면
눈에 보이지 않는 물결의 흐름
느낄 수 없는 침묵의 냄새

창밖 박새 울음
물방울처럼 굴러
풀잎에
떨어지고
비로소 들리는
고요

>

창밖 파릇파릇 돋아난 풀빛과
어울려
이미 사라진 박새 울음과
손잡고
창 커튼을 살짝 걷어 올린다
쓰나미같이
봄 바다가 밀려든다

봄날은 간다

봄날 서편 노을은 유난히 잿빛이다
붉스레한 황금빛 바다에 잿빛 구름
함께 출렁이다가
곧 어둠에게 모든 색조를 빼앗긴다

어둠을 다시 일으키는 별빛과
산마루 쓰다듬는 달님
소나무 가지에 걸렸다가
갑자기 하늘로 치솟아 오른다

어둠조차 가릴 수 있는 먹물 사이로
별빛이 일어나자
변화의 명암은 어둠이다
권기철 화백
화폭에 어질러 놓은 먹물 빛에 놀라
어이쿠! 봄날은 간다

봄 풍경

세차게 가로수 흔들어대던
바람에
얼어붙었던 강줄기
고드름처럼 툭툭 부러지더니
그 자리
새살 푸른 잎 돋아난다

꿈을 벗어 던진 하늘빛
한 순간 쉬지 않고
흰 구름 달려 와 어질러 놓은
긴 강변 따라
허둥지둥 달려가던
쉼 없는 바람

한 겨울 수란스럽던 무게
낮게 가라앉은 자리에

푸른 하늘이 새로 열리고 있다
연록 빛 나뭇잎 손을 잡고
강변을 따라
달려오고 있다

침묵

그냥 여기 정물화처럼 그대로 앉아 생각만 하고 있는데 나는, 그동안 참으로 많은 사람들에 입방아에도 오르고 손도 많이 탔다. 숱한 사람들이 마냥 내가 자기들 소유의 일부인 것처럼 내 순결을 짓밟기도 하고 갈기갈기 찢어 놓기도 했다. 따라서 내가 용서할 수 있는 대상은 존재하지 않는다, 다만 내가 용서 받을 수 있는 대상은 무수히 존재한다. 길 옆 모서리 담장 틈새 고개를 내밀고 있는 들풀잎마저 나의 구원자일 수 있다. 숱한 모서리는 가이 지고 때로는 길게 이어져 단단한 도시가 된 공간, 고요한 내 집 거실 탁자에 눈을 번연히 뜨고 그냥 있을 뿐, 나는 그들의 야만과 뒤섞여야 하는 나의 순결을 용서하기 위해 기도하고 있다.

다랑논

깡보리밥 한가운데 폭 쌓인
흰쌀밥
할아버지와 아버지께 드릴
배가 똥똥한
옥식기 밥그릇

뱃구레가 남달리 컸다는
내 배속은 늘 쪼르륵 쪼르륵
잊어버린 강물
아직 흐르고 있다

누른 다랑논 천수답도
꽃물결을 이룰 때가 있다
그 논 가운데 하얀 머릿수건을 맨
어머님 굽힌 허리 펴면

>

배가 부른 옥식기
깡보리밥 한 가운데
하얀 쌀밥이 피어오른다

해설

외로움의 시학

반경환 철학예술가 · 『애지』 주간

외로움의 시학

반경환 철학예술가 · 『애지』 주간

인간이 길들여지면 미치광이가 된다. 대표적인 예가 예수를 위해 살고 예수를 위해 죽는다는 기독교도들과 알라를 위해 살고 알라를 위해 죽는다는 이슬람교도들이 그렇다. 이 미침은 신앙이 되고, 이 신앙은 맹목이 된다. 이 맹목은 광신이 되고, 이 광신도들이 그토록 무섭고 끔찍한 짓을 다 연출해낸다. 전쟁 중에 가장 끔찍한 전쟁은 종교전쟁인데, 왜냐하면 그 신앙의 성격이 비타협적이기 때문이다. 우리들의 신앙은 진리에 기초해 있고, 당신들의 신앙은 허위에 기초해 있다. 그리스와 터키와 스페인 등은 기독교도와 이슬람교도들에 의한 그토록 잔인하고 끔찍한 전쟁의 상처를 간직한 곳이며, 오늘날의 코소보와 시리아와 그밖의 몇몇 지역들은 이 종교전쟁들이 인종청소로 이어지고 있다고 해도 과언이 아니다.

미침의 기원은 외로움이고, 모든 인간은 이 외로움을 참지 못한다. 사회적 동물 중에서 가장 큰 형벌은 외로움인데, 왜냐하면 혼자서는 그 생리적 특성상 살아갈 수가 없기 때문이다. 혼자 있다는 것은 버림을 받았다는 것이며, 버림을 받았다는 것은 생존의 위기에 몰려 있다는 것을 뜻한다. 외롭지 않다는 것은 서로가 서로를 돕고 살아갈 수 있는 사회적 안전망이 있다는 것을 말하고, 외롭다는 것은 서로가 서로를 도울 수 있는 사회적 안전망이 없다는 것을 말한다. 인간의 가장 큰 위험 중의 위험은 외로움이고, 이 외로움 때문에, 스스로, 자발적으로 특정 종교나 집단에 길들여진다는 것이다. 길들여진다는 것은 자기 자신의 생각과 이상, 그리고 자유를 희생시키고 특정 종교와 사회적 집단의 이념의 신봉자가 되고, 그 이념을 위하여 자기 자신을 희생시킨다는 것을 뜻한다. 공산주의를 위하여, 자유주의를 위하여 자기 자신을 스스로 자발적으로 희생시킨 자들이 그것이고, 민족주의와 수많은 종교를 위하여 자기 자신을 스스로, 자발적으로 희생시킨 자들이 그것이다. 이 미침의 기원은 외로움이고, 이 외로움의 본질은 생존의 위기에 몰린 자들의 그 아찔한 현기증과도 같은 절망감에 맞닿아 있다고 하지 않을 수가 없다. 대부분의 인간들은 이 외로움 때문에 자기 자신의 영혼과 육체를 팔아버린 광신도들이며, 인류의 역사는 이 광신도들의 역사에 지나지 않는다.

가난한 자의 외로움, 오지 중의 오지에서 살고 있는 자의 외로움, 새로운 일자리를 찾지 못한 실업자의 외로움, 대학의 졸업과 함께 취업의 꿈을 포기한 자의 외로움, 사랑하는 사람들로부터 버림을 받은 자의 외로움, 생계형 범죄를 저지른 자의 외로움, '유전무죄와 무전유죄'의 사회적 관습 때문에 그 울분을 삼키지 못하고 있는 자의 외로움, 수많은 실연 끝에 홀로 살아갈 수밖에 없는 노처녀의 외로움, 너무나도 뜻밖에 자기 짝을 잃어버린 자의 외로움, 예수가 누구인지도 모르고 미제국주의의 앞잡이이자 민족의 반역자가 될 수밖에 없었던 기독교 사제의 외로움, 이민족의 정액받이이자

성노예가 되었던 여인의 외로움, 모든 일들을 다 마치고도 잉여인간의 삶을 살 수밖에 없는 노인의 외로움 등은 미치지 않은 자의 외로움이라고 할 수가 있다. 미친 자는 패거리짓기에 성공한 자이고, 그는 집단적 광기를 통하여 잘 먹고 잘 살아갈 수도 있다. 이에 반하여, 미치지 않은 자는 외로운 자이며, 그는 차마 미칠 수가 없었던 양심의 소유자일 수도 있다. 미치광이(광신도)는 울창한 숲을 이루고, 미치지 않은 자는 천길 벼랑끝의 소나무처럼 살아간다. 위선은 정상이 되고, 양심은 비정상이 된다. 위선이 정상이 되고, 양심이 비정상이 되는 사회는 거대한 정신병원이며, 이 미치광이들이 그토록 잔인하고 끔찍한 모든 재앙들을 다 연출해내고 있다고 하지 않을 수가 없다.

양심이 있는 자는 순수하고 양심이 없는 자는 순수하지 않다. 양심이 있는 자는 외롭고, 양심이 없는 자는 외롭지 않다. 양심이 있는 자는 미치지 않은 자이고, 양심이 없는 자는 미친 자이다. 이상규 시인은 양심이 있는 시인이며, 어린 아이의 눈빛과 그 심성을 지닌 외로운 시인이다. "추석 전날/ 하늘 맴을 도는/ 고추잠자리/ 푸르던 나뭇잎 붉게 변하고/ 바람 따라/ 서울 손녀/ 입고 온 색동한복"(「맏손녀, 윤」)이라는 시구에서처럼, 맏손녀를 생각할 때에도 그는 어린 아이가 되어 이 세상의 그 모든 것을 바라보고, "고향 하늘/ 내 기억에서 이미 지워진/ 시골을 만나고/ 검붉게 햇살에 익은 얼굴/ 잊었던 추억을 건져/ 술빛으로 번져가는/ 이웃사람들"(「고향」)을 생각할 때에도 그는 어린 아이가 되어 이 세상의 그 모든 것을 바라본다. 어린 아이는 순수하고 때묻지 않은 어린 아이이며, 그 어린 아이의 눈으로 이 세상의 그 모든 것을 바라본다는 것은 그가 그 어린 아이의 순수함을 전혀 잃지 않았다는 것을 뜻한다.

이 순수함, 이 맑고 투명한 심성은,

말해주세요
흔들리는 이 세상
식은 땀 손등으로 태양 볕
훔치며 걷는 당신이
경산 와촌 갑골길
새로 난 신작로 벗어나
어디로 그렇게
재빠르게 가시는지

당신은 웃고
시를 쓰고
경청하고
마시고
끄덕이고
잔을 비우고
몽상하는 여자처럼
외로워 보이고
말해주세요
당신이 키가 큰 이유를
당신이 마실 때
풀벌레 소리가 나는 이유를
당신이 웃을 때
트램플린 위에서 뛰노는
아이들 소리가
나는 이유를

라는 「키다리 아저씨」를 노래할 때에도 사실 그대로 나타나고, 또한,

왜 어둠이 어제보다 더 깊어졌을까
불어오는 바람소리는 더 무거워졌을까
젖어오는 밤이슬이
외로움을 더욱 무겁게 매달기 때문일까
푸른 동천冬天 물들지 않은 낙엽 타고
푸른산 뻐꾸기
천둥 벼락 장대비 헤치고
길 떠난 탓일까?

라는「정완영」시인을 노래할 때에도 사실 그대로 나타난다.

시인은 순수한 동심의 전형이며, 이 동심을 잃어버릴 때, 그의 언어는 타락하게 되고, 그는 양심이 없는 위선자가 된다. 시인은 순수해야 하고, 그의 시에는 단어 하나, 토씨 하나에도 그의 영혼이 살아 있지 않으면 안 된다. 그 어느 누구도 걸어가지 않은 길, 이 세상에서 가장 어렵고 힘든 길을 걸어가지 않으면 그의 시는 신선한 충격과 그 감동을 선사해줄 수가 없게 된다. "풀벌레 소리 환한/ 시의 향연"은 "키만 장대같이 컸지/ 술 좋아하는/ 철부지 시인"이 연출해내는 것이지, 매번, 매사에 자기 자신의 이익만을 생각하는 철든 어른들이 연출해내는 것이 아니다. 또한, “풀벌레 소리 환한/ 시의 향연”은 “천둥 벼락 장대비 헤치고/ 길 떠난” 시인을 생각하며 그 “외로움”의 무게 때문에 잠 못 이루는 시인이 연출해내는 것이지, 순풍에 돛 달듯이 꽃상여를 타고 떠나갈 생각만을 하는 철든 어른이 연출해내는 것이 아니다.

죽음 앞에서는 누구나 어린 아이가 된다는 말도 있다. 죽음이 그만큼 무섭고 두렵기 때문일 수도 있고, 죽음 앞에서 그 모든 때묻은 마음, 즉, 모든 욕망을 다 비웠기 때문일 수도 있다. 하지만, 그러나 죽음 앞에서 더욱더 새로운 어린 아이로 태어난 시인은 외로운 시인이며, 또한 그만큼 그 외로움 때문에, 자기 자신을 불태우고, 그 ‘외로움의 시학’을 연출해낸다.

한국 사람은 호메로스의 시대에 살고 있다
입을 모아 세상의 일들을
이야기로 만들어 내는 일이
묵직한 황금보다
빈약한 경작지 보다

더 소중하게 가슴에 안고 산다
행복을 만나러 이야기를 꾸미고
복을 나누기 위해 이야기를 전파하는
신화의 나라
동화의 나라
—「이야기의 나라」 전문

서양의 역사에서 호머는 최초의 대서사시인이자 최후의 대서사시인이라고 찬양을 받고 있다. 언어와 사물이 정확하게 일치하고 있었고, 너와 나도 '한마음—한몸'이 되어 그 어느 누구도 불행을 모르고 살았다. "묵직한 황금보다" 더 소중했던 이야기, "빈약한 경작지보다/ 더 소중"했던 이야기, 그 이야기의 나라는 "신화의 나라"인 동시에 "동화의 나라"이기도 했던 것이다. 신화의 나라와 동화의 나라는 이야기의 나라이며, 사랑과 믿음으로 가득찬 지상낙원이라고 할 수가 있다. 이상규 시인이 꿈꾸었던 나라는 이처럼 '신화의 나라'와 '동화의 나라'이며, 영원히 어린아이같은 사람들이 주인공이 되는 그런 나라라고 할 수가 있다.

시인은 영원한 어린 아이이며, 이 때묻지 않은 마음

으로 역사 철학적인 성찰을 하고, 그 모든 것을 비판한다. 양심이 있는 자는 외롭고, 양심이 없는 자는 외롭지 않다. 양심이 있는 자는 어린 아이와도 같은 순수함 때문에 외롭게 되고, 양심이 있는 자는 영악하기 때문에 외롭지 않게 된다. 발가벗은 자를 발가벗었다고 말할 때에도 외롭게 되고, 당나귀를 당나귀라고 말할 때에도 외롭게 된다. 진실은 홀로서기를 더욱더 좋아하고, 또한, 진실은 천길 벼랑끝의 소나무처럼 살아가는 것을 더욱더 좋아한다. 모든 비판의 힘은 영원히 늙기를 거부하는 어린 아이의 힘이기도 하고, 모든 비판의 힘은 끝끝내 특정 종교나 특정 집단의 패거리이기를 거부하는 외로운 사람의 힘이기도 하다.

> 우리는 상당히 오랜 시간동안 유령선에 갇혀
> 숨을 죽이며 살고 있습니다
> 먼 바다는 잠잠한데
> 이 유령선이 헤쳐나가야 할
> 가까운 바닷길은 엄청 흉흉합니다
> —「유령선」 전문

도대체 세월호란 무엇이란 말인가? 세월호란 '구원파의 교주'인 유병언이 일본에서 고철로 들여온 퇴역선을 '인천—제주'간의 황금노선에 띄운 배이며, 2014년 4월 16일 안산단원고 학생 325명을 포함하여 476명의 승객을 태우고 제주도로 가던 도중 진도 앞바다에서 침몰한 배를 말한다. 그 결과, 이미 배가 기울고 침몰하기 시작하자마자 세월호의 선장 및 대부분의 선원들은 탈출을 했지만, 조금도 당황하지 말고 구명조끼를 입고 대기하라던 안산단원고 학생들과 그밖의 승객들 300여 명이 수장水葬된 단군 이래 최악의 참사가 벌어지게 되었던 것이다. 퇴역선을 개조하여 재취항하기까지는 이명박 대통령을 비롯하여 수많은 정치인들과 고위공직자들이 연루되어 있었지만, 그러나 그것보다도 더욱더 가관인 것은 구원파의 교주인 유병언이 '브랜드 사용료'를 비롯하여 수많은 명목으로 그 이익금을 다 빼어내간 것은 물론, 박근혜 대통령을 비롯하여 그 어떤 정치인도 '세월호 대참사 사건의 진상'을 제대로 밝히려고 하지 않았다는 점일 것이다. 아직까지도 세월호는 그 정체가 불명한 유령선이며, "이 유령선이 헤쳐나가야 할/ 가까운 바닷길은 엄청 흉흉"하다고 하지 않을 수가 없다. 이상규 시인은 안산단원고 학생들의 비극적인 죽음을 어느 누구보다도 슬퍼하며 '팽목항'을 다녀오기도 하고, "팽목항 바다는 한라산 닮아 끊임없이 일어섰다 주저앉았다가 다시 일어선다"라고 「유배 떠난 제주」에서 안산단원고 학생들의 영혼을 위로한다.

하지만, 그러나 세월호는 대한민국호이고, 대한민국호는 유령선에 지나지 않는다. 유령들이란 귀신들을 말하고, 귀신들이란 죽어서도 정처를 마련하지 못하고 그 원한맺힌 저주감정으로 끊임없이 떠돌아다니며, 모든 세계적인 참사들을 다 연출해내게 된다. 나도 유령이고, 너도 유령이며, 이 유령들과 유령들이 손에 손을 맞잡고,

> 출렁이는 세상의 가파른
> 벼랑에 몸 기댄
> 한국사를 수식하는
> 한국어
> 그 허망하고 슬픈
> 오천여 년의 무게

고인들이 얼그러져
굴러내리는
우렛소리에 섞여있는 한국사람들의
가쁜 숨결이 들려온다
바람결이
벼랑에 주름처럼 새겨진
내 가족사와 흡사한
고난의 한국사

라는 「한국사」를 이끌어왔고, 또한, 이 유령들과 유령들이 손에 손을 맞잡고,

거짓과 다투는
곧은 언어의 끝은
마디마디 부러지고
싹이 돋지 못할 절망만이
물방울처럼 송골송골 매달린다
우수처럼 번져가는
거짓과 위선이 수군거리며 몰려다니는
암울하고 허기진 거리를

야수가 된 권력의 시녀들
그들이 거느리는 집단 광란이
휘젓고 거니는
이 위선의 공포
권력과 분리할 수 없는 지옥이
붉은 깃발처럼 펴들거리고
광화문, 서울시청 앞
나부끼는 태극기
거짓 가득한 패거리들의
저 어둠에 찬 눈빛과 표정들

이라는, 「광기의 한국현대사」를 이끌어 가고 있다.

과연 어떻게 "한국사를 수식하는/ 한국어/ 그 허망하고 슬픈/ 오천여 년의 무게"가 자랑스러운 한국사일 수가 있겠으며, 과연 어떻게 "벼랑에 주름처럼 새겨진/ 내 가족사와 흡사한/ 고난의 한국사"가 자랑스러운 한국사일 수가 있겠는가? 과연 어떻게 그토록 사악하고 교활한 아줌마(최순실)와 박근혜 대통령에 의한 '광기의 한국현대사'가 자랑스러운 한국사일 수가 있겠으며, 과연 어떻게 '최순실-박근혜 국정농단사태'와 박근혜 대통령 탄핵심판을 반대하는 "광화문, 서울시청 앞/ 나부끼는 깃발/ 거짓 가득한 패거리들의" 집단적 광란이 애국집회가 될 수가 있겠는가? 외로운 사람은 제 정신을 가진 사람이며, 외로운 사람은 정의를 간직한 사람이다. 외롭지 않은 사람은 미친 사람이며, 외롭지 않은 사람은 정의롭지 않은 사람이다. 이 미친 사람들, 이 미친 유령들의 집단적 광기가 선과 악, 진리와 허위, 정의와 불의를 구분하지 못한 채, "야수가 된 권력의 시녀"가 되어 온갖 세계적인 추문들을 다 연출해냈던 것이다. '미르재단과 K스포츠 재단도 다 국가를 위한 것이다', '최순실의 인사개입과 대통령 연설문 작성도 다 국가를 위한 것이다', '삼성과 롯데와 SK그룹 등의 출연도 다 순수하고 자발적인 기금일 뿐이고, 김기춘 실장과 조윤선 장관의 블랙리스트 작성도 다 국가를 위한 것이다.' '박근혜 대통령은 대한민국과 결혼한 여인이며, 단 한 푼의 금품도 챙기지 않았다'고 떠들어대며, 오직 박근혜를 위해서 살고 박근혜를 위해서 죽겠다고 그 집단적인 광란들을 다 연출해냈다.

미침의 존재 근거는 특정 종교와 특정 집단이며, 이 미침의 구체적 형태는 유령들이라고 하지 않을 수가 없다. 악으로 선의 목을 비틀고, 허위로 진실의 눈을 가리고, 불의로 태극기의 깃발을 꽂는다. 유령들의 사회, 즉, 미친 자들의 사회는 부정부패가 건국이념으로 되어 있는 사회이며, 그 어떠한 일이 있어도 정의로운 사회의 출현만은 막지 않으면 안 된다. 우리의 주적主敵은 정의이며, 우리의 주군主君은 세계적인 강도집단인 미국이다. 이처럼 '최순실—박근혜 국정농단 진상조사 반대'와 '박근혜 탄핵심판 반대'를 위해 모든 유령들이 태극기와 함께 성조기를 들고 나온 것은 전혀 우연이 아니었던 것이다. 그들은 그들의 주군인 미국에게 '최순실–박근혜 국정농단 진상조사'를 덮어주고, '박근혜 탄핵심판'을 막아주면 대한민국의 모든 국민들을 다 제물로 바치겠다고 맹세를 하고 있었던 것인지도 모른다. 참으로 하나님도 감동할 만한 민족의 반역자들이며, 그 어떤 악마도 경악을 금치 못할 유령들의 미친 짓이라고 하지 않을 수가 없다.

이상규 시인의 「유령선」, 「유배 떠난 제주」, 「한국사」, 「광기의 한국현대사」 등도 '외로움의 시학'의 산물이며, 「하노이」, 「호치민 시티」 등도 '외로움의 시학'의 산물이다. 외로운 사람은 늙어서도 동화의 나라에 사는 사람이고, 동화의 나라에 사는 사람은 언제, 어느 때나 그 정의로움으로 모든 불의와 구조적 모순을 전면적으로 비판하고 물어뜯게 된다.

허리를 감싼 살점이
다 흘러내린
생선 뼈다귀 같이
꺾어진 어린 아이 시체
오징어 눈, 검은 눈을 가진
유난히 검게 탄
아이의 시체
총검에 매달린 채
미군 병사의 웃음
사진에 걸려 있다
총소리 대신
짝짝짝
츄잉껌 씹는 소리
—「호치민 시티」 부분

한국적 기독교의 종주국인 미국, 이 세상에서 가장

사악하고 파렴치한 제국주의와 민족주의의 상징인 미국, 아시아, 아프리카, 북미, 중남미 등, 수많은 국가들의 원주민들을 몰살하고 수많은 약탈과 내전을 다 연출해낸 미국, '우리와 함께 하지 않으면 모두가 다같이 우리의 적이다'라는 공갈 협박으로 동족상잔의 비극과 함께 남북분단을 고착화시킨 미국, 그 옛날 그 제국주의적인 야욕을 버리지 못해 한국군 등을 용병으로 고용하여 베트남을 쑥대밭으로 초토화시켰던 미국—. 이 미국이야말로 종교적, 정치적, 사상적, 국가적 광기의 본산지이며, 유령들의 사회라고 하지 않을 수가 없다.

오오, 미제국주의자들이여! 오오, 미제국주의를 추종하는 이 땅의 정치인들과 극우 보수주의자들이여! 과연 그대들이 미치지 않았고, 정의로운 사람들이라면, "허리를 감싼 살점이/ 다 흘러내린/ 생선 뼈다귀 같이/ 꺾어진 어린 아이 시체"들을 두 눈을 뜨고 똑바로 바라보고, 또한, 그대들이 미치지 않았고, "풀벌레 소리 환한/ 시의 향연"을 감상할 줄 안다면, "오징어 눈, 검은 눈을 가진/ 유난히 검게 탄/ 아이의 시체/ 총검에 매달린 채/ 미군 병사의 웃음/ 사진"이 걸려있는 「호치민 시티 —전쟁기념관」을 들어가 보기를 바란다. 과연 당신들이 외로움을 알고 순수한 동심을 알고 있는 인간들이란 말인가? 과연 당신들이 자유와 평화와 사랑을 알고 전체 인류의 행복을 알고 있는 사람들이란 말인가? 당신들은 인간의 탈을 쓴 미치광이들이며, 그 외로움이 두렵고 무서워서 악마에게 자기 자신의 영혼과 육체를 팔아버린 유령들에 지나지 않는다.

외롭다는 것은 무섭다는 것이고, 무섭다는 것은 살아있다는 것이다. 외롭다는 것은 의로운 길을 걸어가고 있다는 것이고, 의로운 길을 걸어간다는 것은 때 묻지 않고 순수한 마음을 가지고 있다는 것이다. 외롭다는 것은 미치지 않았다는 것이고, 미치지 않았다는 것은 특정종교와 특정집단의 패거리에 가담하지 않았다는 것이다. 외롭다는 것은 신화의 나라에 살고 싶다는 것이고, 신화의 나라에 살고 싶다는 것은 너와 내가 다같이 손에 손을 맞잡고 우리 모두의 행복을 연주하고 싶다는 것이다. 이상규 시인은 경북 영천에서 태어났고, 1978년 『현대시학』으로 등단을 했으며, 시집으로는 『종이나발』, 『거대한 집을 나서며』, 『헬리콥터와 새』, 『13월의 시』 등을 출간한 바가 있다. 이상규 시인은 외로움의 시인이며, 그는 그 외로움의 시학을 통해서 「키다리 도광의 시인」이나 「이야기 나라」와도 같은 매우 아름답고 탁월한 시들을 쓴 바가 있다.

차츰 줄어듭니다
차츰 가벼워집니다
체중도 식사량도
찾는 이도 찾을 이도
착신 우편물도
초대장도
그리움도
차츰 줄어듭니다

존재의 무용
서글픔이 당당하게
자리를 차지하는
저녁 무렵

아내는 그래도 웃음으로
여위어 가는 내 손목을 잡아줍니다

성그런 밥상 앞에 마주앉다
줄어든 배를 채웁니다
허무한 식은 밥으로
아직 익숙하지 않은
노년의 일상

그 언저리에는
지난 숱한 영상이 엄청난 속도로
포개져 있습니다

—「늙음」 전문

늙음은 줄어듦이며, 줄어듦은 가벼워짐이다. 가벼워짐은 연소되고 있다는 것이며, 연소되고 있다는 것은 그의 생명의 불꽃이 타고 있다는 것이다. 체중도 타고 있고, 식사량도 타고 있다. 찾는 이도, 찾을 이도 타고 있고, 착신우편물도, 초대장도 타고 있다.삶이란 불이며, 불꽃이고, 대연소 과정에 지나지 않으며, 줄어듦이란 에너지의 사용량과 그 나머지를 말한다.

늙음이란 황혼이며, 황혼이란 마지막 대연소 과정의 불꽃을 말한다. "존재의 무용"도 타오르고, "서글픔이 당당하게/ 자리를 차지하는/ 저녁무렵"도 타오른다. "여위어가는 내 손목을 잡아"주는 아내도 타오르고, "아직 익숙하지 않은/ 노년의 일상"도 타오른다. 대연소과정의 불꽃이란 시인의 인생 전체를 되비추어주는 환영이며, 떠나갈 사람과 남아있는 사람이 너무나도 서럽고 눈물겨운 마지막 작별인사를 나눌 시간을 말한다. 외롭기 때문에 순수했고, 순수했기 때문에, 이상규 시인의 가장 아름답고 뛰어난 「늙음」이란 시가 완성되었다고 할 수가 있는 것이다.

이상규

시인 이상규는 경북 영천 태생으로 1978년『현대시학』을 통해 등단하였다. 시집으로 『종이나발』(둥지),『대답 없는 질문』(살림),『헬리콥터와 새』(고려원),『불꽃 같이 타오르는 낙엽』(글누림)과『13월의 시』(작가와 비평), 장편소설『포산 들꽃』(작가와 비평)을 발표하였다. 경북대학교에서 방언학을 가르치면서 한편으로 문학의 옷깃을 잡고 있다. 국립국어원장과 남북겨레말큰사전편찬 이사를 지냈으며 '세종학당' 설립을 추진하였으며, 남북겨레말큰사전 사업에도 관여하였다. 제18회 한국문학예술상 특별부문 수상한 바 있다. 이상규 시인은 '외로움의 시인'이며, 그의 여섯 번째 시집인『오르간』은 '외로움의 시학'의 진수라고 할 수가 있다.

이메일 : sglee@knu.ac.kr

이상규 시집
오르간

발　행 2017년 10월 20일
지 은 이 이상규
펴 낸 이 반송림
편집디자인 김지호
펴 낸 곳 도서출판 지혜
계간시전문지 애지
기획위원 반경환 이형권 황정산
주　소 34624 대전광역시 동구 선화로 203-1, 2층 도서출판 지혜 (삼성동)
전　화 042-625-1140
팩　스 042-627-1140
전자우편 ejisarang@hanmail.net
애지카페 cafe.daum.net/ejiliterature

ISBN : 979-11-5728-254-8 02810
값 9,000원

이 책의 판권은 지은이와 도서출판 지혜에 있습니다.
양측의 서면 동의 없는 무단 전제 및 복제를 금합니다.